I0651013

Richard Barth

Johannes Brahms und seine Musik

Europäischer
Musikverlag

Richard Barth

Johannes Brahms und seine Musik

ISBN/EAN: 9783956980428

Auflage: 1

Erscheinungsjahr: 2013

Erscheinungsort: Norderstedt, Deutschland

Hergestellt in Europa, USA, Kanada, Australien, Japan
Europäischer Musikverlag in Hansebooks GmbH, Norderstedt

Johannes Brahms
und seine Musik

von

Richard Barth

„Den Stoff sieht jedermann vor sich,
den Gehalt findet nur der, der etwas
dazu zu tun hat, und die Form ist ein
Geheimnis den Meisten".   (Goethe.)

Hamburg
Otto Meißners Verlag
1904

Dem Wunsche Vieler entsprechend, werden hiermit die beiden auf Veranlassung der Ober=Schulbehörde gehaltenen Vorträge einem größeren Publikum übergeben.

Mußte gesagt werden, worin Brahms' Eigenart besteht und durch was seine Werke sich unterscheiden von denen der neudeutschen Kunstrichtung, so geschah es in Gedanken ohne leiseste Neigung zur Polemik. Möge es deshalb auch hingenommen werden als eine persönliche Überzeugung, die wie jede andere auch das Recht hat, ausgesprochen und gehört zu werden. —

Hamburg, im November 1903.

Erst seit wenigen Jahren und doch leider schon allzulange deckt die Erde, was sterblich war an

Johannes Brahms.

Solange er unter uns Lebenden wandelte, war er, der Antipode Rich. Wagner's, mißachtet, beinahe gehaßt von Jenen, die sich ihrem Geschmack entsprechend auf Wagner's Seite und auf die der sogenannten „neu= deutschen" Schule gestellt hatten, weil er unerschütterlich fest stand, ein rocher de bronce, im heftig brausenden Getwoge des Parteien=Zwistes innerhalb der musikalischen Welt.

Von der Mehrzahl der Musiker war Brahms mit einem Gemisch von Ehrfurcht und geheimer Scheu betrachtet; manch' kühnes Wort erstarb auf den Lippen, wenn sein Jupiterhaupt unverhofft auftauchte.

Von den verhältnismäßig kleinen Gemeinden, die Brahms aller Orten in Deutschland, Österreich und Holland besaß, war er in echter Begeisterung und Dankbarkeit

gefeiert und verehrt. In seiner eigentlichen Bedeutung
für die Jetztzeit und Zukunft ahnungsvoll erkannt, nur von
dem kleinen Häuflein auserlesenster Musiker; — geliebt
war er in unvergänglicher Treue von Allen, die jemals
das Glück hatten ihm als Menschen näher zu treten und
die diamantene Reinheit seiner Seele, seine unversiegliche
Herzensgüte und knorrige Charakterfestigkeit kennen zu
lernen. —

Nun war Brahms freilich nichts weniger als ein
Allerwelts=Freund; es gehörte nicht wenig dazu sein
Interesse zu erwecken oder gar zu fesseln und nicht allzu
Viele dürfen sich rühmen, sein Freund gewesen zu sein.
Im Allgemeinen eher zurückhaltend, als entgegenkommend,
verstand er es meisterhaft, sich die Menschen vom Leib zu
halten; sein klares, blaues Auge durchdrang sie gleichsam
wie mit Röntgenstrahlen, und er war sehr bald darüber
orientiert, was er von ihnen zu erwarten hatte.

Von Natur ernst veranlagt, prädestiniert zu etwas
Großem, erfüllt von heiligem Streben und Ringen, es
zu erreichen, taten Erziehung und die Verhältnisse, unter
denen er hier in Hamburg aufwuchs, das ihrige, ihn auf
die Schattenseiten und den Ernst des Lebens, auf die
Notwendigkeit, sich so früh wie möglich auf sich selbst
zu stellen, hinzuweisen. — Wenn er spät abends noch
gerufen wurde, um zum Tanz aufzuspielen, so nahm er
sich ein Buch mit, stellte es auf das Klavierpult und
las; er sah nicht, was um ihn her vorging. Inmitten

zerstreuender Lustbarkeit beschäftigte er seinen Geist und richtete unentwegt seinen Blick auf sein noch so fernes und so schwer zu erreichendes Ziel.

Je ernster seine musikalischen Studien bei seinem Lehrer, dem trefflichen Eduard Marxsen wurden, je größer die Forderungen, die Schumann, Joachim, alle die Größen der damaligen Zeit an sein überragendes Talent stellten, destomehr wuchs sein Eifer und seine Arbeitskraft.

Sich unablässig bildend und vervollkommnend, wurde er bald der in sich gefestete, unter starker Selbstzucht stehende Mann, ganz erfüllt vom Besten und Edelsten, das der Mensch überhaupt in sich aufzunehmen vermag. Kein Wunder, daß er im Vollgefühl seiner Geisteskräfte sich selbst genug war, und nicht das Bedürfnis empfand, sich anderen eng anzuschließen; sie konnten ihm wahrlich wenig geben, was er nicht schon längst besaß. —

Treueste Anhänglichkeit und Dankbarkeit beseelte ihn aber denen gegenüber, die ihn in seiner Jugend gefördert hatten.

Seine späteren Freundschaften ruhten mehr auf der Basis absoluter Hochachtung, Anerkennung und der Schätzung des Wertes der Persönlichkeiten nach seinem eigenen Werte bemessen und auf der Selbstverständlichkeit der Zusammengehörigkeit Gleichgesinnter.

Seine Freundschaftsbeweise konnten von unendlicher und rührendster Zartheit sein, was er gern durch eine gewisse Rauheit zu verbergen suchte. Das Fehlen jeder

geringsten Spur von Sentimentalität in Brahms' Charakter
zeigte sich eben in der Unfähigkeit, seinem Empfinden in
aufquellender Wärme Ausdruck zu geben; fast wie in
keuscher Scham verschloß er sein Innerstes vor der Außen=
welt. Es konnte deshalb für ferner Stehende zuweilen
den Anschein haben, als ob er die Liebe und herzliche
Ergebenheit, die ihm die Freunde in die Arme getrieben
hatte, seinerseits nicht in dem gleichen Grade erwiderte.

Nichts Schöneres aber gab es als ihn reden zu hören
über einen seiner berühmten Freunde; über den Ab=
wesenden brach es dann in vollen Akkorden aus ihm hervor,
und in solchen Augenblicken vergalt er hundertfach, was
er je von ihm empfangen. —

Und sprach er von Bach oder Beethoven, Schubert
oder Schumann, überhaupt von den Großen der Ver=
gangenheit oder unter den Lebenden, — von Bismarck —
so geschah es nie ohne tiefe Erregtheit; für gewöhnlich
ziemlich wortkarg, strömten ihm dann die Worte der
Begeisterung und Bewunderung nur so von den Lippen,
und der Zuhörer wurde von Staunen ergriffen über die
Pietät und große Bescheidenheit, von der er, selbst ein
Großer, ihnen gegenüber erfüllt war. —

Und wie belesen war Brahms! Es gab kaum ein
bedeutendes Buch, das er nicht kannte, ja, kaum ein
Gebiet, auf dem er nicht so bewandert war, daß er mit=
reden konnte. Auch über alle politischen Vorgänge war
er stets vortrefflich unterrichtet, und so gern er in Wien

und überhaupt in dem „lieben Österreich", wie er's immer
zu nennen pflegte, lebte, im Herzen war er reichsdeutsch
geblieben und hielt fest an seinem Heimatlande.

Sehen wir Brahms in Gottes freier Natur fröhlich
einherschreiten, den Hut in der Hand, in seinem reinen
Auge den blauen Himmel wiederspiegelnd; oder ihn in den
belebten Straßen der Großstadt zerstreut gehen oder vor
irgend einem Schaufenster stehen, nichts sehend, leise
vor sich hinbrummend; und wie es immer die Kinder
sind, die ihn anziehen und sein Interesse erregen, wie er
mit ihnen scherzt und diese verwundert, fasziniert durch
die gütige Art des seltsamen Mannes mit dem strahlenden
Blick, dastehen; — und wenn wir noch erfahren, daß
Brahms der heimliche Unterstützer und Wohltäter der
Bedürftigen war, der für andere nie geizte mit dem,
was er durch seine Arbeit erworben und der wie ein
Vater sorgte, — so vervollständigt sich damit das Bild
dieses einzigen Mannes, der ein Ehrenbürger war nicht
allein unserer Stadt, sondern der ganzen Welt. —

*   *

Wir folgen nicht nur einem begreiflichen, sondern
geradezu einem natürlichen und wohlberechtigten Drange,
wenn wir die Werke eines Genies in Einklang zu bringen
suchen mit dem Menschen, der mit so göttlichem Rüstzeug
ausgestattet, sie geschaffen. — Es müssen Inhalt und

Gefäß, Geist und Körper, Taten und Ideen mit einander harmonieren; wo das nicht der Fall, da entsteht statt des Einklanges die quälende Dissonanz.

Nicht nur die Ausübung einer Kunst macht den Menschen zum Künstler, auch nicht der Grad der Vollkommenheit, den er erreicht hat, sondern viel mehr die rechte Gesinnung! Und die kennt kein höheres Gebot und Glück, als die ganze Lebenskraft und =arbeit ohne Rest in den Dienst der Kunst zu stellen und ihr alle Macht einzuräumen, ihn, den Künstler, auch als Menschen zu bereiten, zu weihen und zu adeln für diesen höchsten Beruf.

Bei solchem Tun und bei solcher Auffassung der Aufgabe gestaltet sich das äußere Leben ganz von selbst und unvermerkt so, daß es zu dem inneren des Künstlers nicht in Widerspruch steht.

Joh. Seb. Bach's Leben zum Beispiel war nichts anderes als ein Gottesdienst im idealsten Sinne. Er war fröhlich in seiner Arbeit und seine immensen Kräfte fühlend und kennend, lud er sich davon beinahe mehr auf seine Schultern, als ein Mensch zu leisten vermag. Wenn wir bedenken, wie vielerlei Pflichten ihm sein Amt als Kantor an der Leipziger Thomasschule auf=erlegte, so ist es schier unbegreiflich, wie er grade während dieser Periode von 1723 bis zu seinem Tode 1750, die Welt so überreich mit seinen Werken

beschenken konnte. Und er war doch wahrhaftig nichts-
weniger als ein Vielschreiber; der Born seiner unerschöpflichen Phantasie brach unaufhaltsam hervor und
in jedem neuen Werke offenbarte er neue Tiefen seines
frommen und warmen Gemüts und überraschte er durch
neue Wunder kontrapunktischer Kunst, die bis heute noch
von Keinem überboten sind. Und die Anregung zu solchen
Taten trug er allein in sich selbst; ein Beifall spendendes
und ein auf solche Weise anregendes Publikum im
heutigen Sinne kannte er nicht, seine Musik erklang
nur in den stillen und heiligen Räumen der Kirche und
wie mag es gewesen sein, wenn der Alte selbst an der
Orgel saß und sein Geist in Tönen die Hallen durch-
brauste! Und die Meisten, die wir um solch ein Erlebnis
zu beneiden haben, wußten kaum, was ihnen geschah!

Orchester und Chor mit dem er seine Werke auf-
zuführen hatte, nach unseren heutigen Begriffen, so unzu-
länglich wie nur möglich, von der Kritik schlecht behandelt,
weil nicht verstanden, von den Musikern gefürchtet, für
seine pflichtgetreue Arbeit kärglich belohnt, ging er unbeirrt
seinen Weg, der, wie uns seine göttliche Musik zeigt, stets
über den Sternen lag. —

Händel hat die Welt gesehen und viel erlebt; ihn
zog es in den Strudel des Lebens und in London fand
er das Feld für seine Großtaten. Auch in seiner Kunst
mußte er sich entsprechend ausleben und so schrieb er für
die Bühne eine stattliche Reihe von Opern und wie er

seinen künstlerischen Zenit erreicht hatte, wandte er sich dem Oratorium zu, einer Kunstgattung, in der seine stark pulsierende Kraft sich erschöpfen konnte. Sein Leben und seine Musik stehen unter dem Zeichen energievollen Handelns, heldenhaften Ringens und Kämpfens von wahrhaft antiker Schlichtheit und Größe, überstrahlt vom Glanze des Erfolges und Ruhmes. —

Haydn hat in seiner Jugend darben müssen; aber ausgerüstet mit einer dauerhaften Gesundheit, die ihm bis in sein hohes Alter treu blieb und mit einer Arbeitskraft und -lust ohnegleichen, errang er früh Erfolge und erklomm, freilich erst in spätem Alter, die höchsten Staffeln des Ruhmes. Die Zauberkraft, die dem Greise den jugendfrischen Schaffensdrang noch erhalten, war der Humor; er half ihm über das Unglück seiner Ehe und über alle sonstigen Misèren des Lebens hinweg. In seinem kindlich heiteren Gemüte war für trübe Eindrücke kein Aufenthalt und in seiner Musik tritt uns nicht nur sein blitzender Geist, sondern seine urwüchsige frohe Laune und sein starkes Temperament kräftig und herzbezwingend entgegen. —

Wüßten wir nicht, daß schon in dem zarten Knäblein Wolfgang Amade Mozart das große Genie sich mächtig geregt hat und unter der straffen Leitung des trefflichen Vaters aufgewachsen und zur Reife gelangt ist und zwar durch fleißigste Arbeit und unablässiges Studium; wüßten wir nicht, daß er ein Mensch war, dessen allzu kurze

Lebensbahn von der Sonne des Glückes beschienen, dem aber auch die bitteren Leidenstropfen nicht erspart geblieben sind: so müßte man beinahe glauben, ein Lichtbringer, Apoll und Baldur in einer Person, wäre vom Himmel herabgesandt, uns solche Musik zu schenken. Ist es nicht, als ob er mit ungeblendetem Auge und mit unverletzlicher Hand in die Flammen und Gluten der Sonne greifen durfte, um das reine, goldene Licht in Melodien umzuwandeln? Freude und Schmerz, beide von ihm im Leben durchkostet, in wunderholdester Schönheit gibt uns seine Musik ein Spiegelbild davon und erfüllt unsere Herzen mit allen Wonnen des Himmels!

Und nun erst Beethoven! Der Titan, der gegen den Himmel anstürmte, sich durch alle Leiden und Qualen, die ihm entgegen geschleudert wurden, nicht zurückschlagen und in den Tartarus stürzen ließ, sondern ihn erstürmte!

Er, der Töne größter Meister, taub! Wie mag er gerungen haben um die Kraft zu gewinnen, so schweres Leid zu tragen und ohne Groll über des Schicksals grausame Härte weiterzuleben. Er hat das Schicksal besiegt, indem er tiefer und tiefer hinabstieg in den unergründlichen Schacht seiner gottgeweihten Seele, um in den dunklen Gängen menschlichen Empfindens und Fühlens nachzuforschen, wieviel Jammer, wieviel Marter und Qual ein Mensch erdulden, aber auch welcher Freude und Seligkeit ein Menschenherz voll sein kann! Wer Ohren hat, der höre und erfahre aus seiner IX. Symphonie allein, wie er gelebt und gelitten und zu welch olympischen Höhen er, der unter den Menschen Vereinsamte, sich aufgeschwungen hat; er kündet es uns in so ergreifenden Tönen und von so erschütternder Gewalt, wie vor ihm und nach ihm Keiner je sie angeschlagen hat. —

Es ist nicht schwer, mehr solche Beispiele — auch nach der unerfreulichen Seite hin — anzuführen. —

Was nun Brahms betrifft, so wird eine eingehende Betrachtung seines musikalischen Bildungsganges, seiner Entwickelung und inneren Ausreifung, wie seine Werke sie uns offenbaren, überzeugend zeigen, wie sehr sein auf Treue und Wahrhaftigkeit der Gesinnung und Empfindung und auf gesunde Sinnlichkeit gegründetes innerstes Wesen übereinstimmt mit seinem äußeren Wesen und seinem nun abgeschlossenen vor uns liegenden ganzen Leben. —

Leicht ist nachzuweisen, daß alle großen Meister sich intensiv zu bilden suchten an den Werken ihrer Vorgänger und daß sie in ihrem Schaffen sichtbar längere oder kürzere Zeit unfrei und in einer gewissen Abhängigkeit von dem von ihnen ihrer Natur nach bevorzugten Meister waren, bis endlich ihre Eigenart zum Durchbruch und zur Selbständigkeit gelangte. Je mehr die Literatur anwuchs, destomehr hatte ein jeder aufzunehmen, der Letzte hatte es immer am schwersten und man darf wohl sagen, daß die Furcht vor der gewiß nicht leichten Arbeit, sich eine gründliche Fachliteratur=Kenntnis zu verschaffen

und mehr noch das Schlagwort der neuen Zeit: in stolzer
Unabhängigkeit von der Vergangenheit neue Wege zu
suchen und zu gehen, dahin geführt hat, daß viele Musiker
von heute die eigentliche Musik erst mit Richard Wagner
beginnen und Bach und Beethoven als auf ihn direkt hin=
weisende Vorläufer noch allenfalls gelten lassen. — Die
neuen Wege sind freilich oft sehr krumm und ziellos und
es ist betrübend zu sehen, wie begangen sie trotzdem sind
von Solchen, die weniger einer eigenen Meinung, als der
Mode folgen.

Brahms beherrschte die musikalische Literatur nun
in der erstaunlichsten Weise; hatte er mehr als einer je
zuvor aufzunehmen, so war es ihm auch in mancher Hin=
sicht bequemer gemacht als seinen Vorgängern. Erst in
den letzten 50 Jahren sind die großen und schönen
Gesamt=Ausgaben der Werke Palestrinas, Bachs, Händels,
Mozarts, Beethovens und Schuberts ꝛc. entstanden. Alles,
was früher noch ungedruckt, in Abschriften oder seltenen
Drucken zerstreut in den Händen Privater oder in Biblio=
theken zu finden war, lag ihm in kritisch=durchgesehenen
Ausgaben vor, und an vielen derselben hat er selbst mit
dem ihm eigenen pietätvollen Ernst und Scharfblick mit=
gearbeitet.

Seinem Spürsinn und Bienenfleiß ist kein Werk von
irgendwelcher Bedeutung entgangen, gleichgültig, ob es
der ältesten oder der neuesten Zeit angehörte. Es gab
infolgedessen auch keine Kunstformen, keine Kunstmittel,

die er nicht kannte und durch eigene Studien auf ihre Verwendbarkeit und weitere Ausbildung · geprüft und erprobt hatte und gerade auf dieses wunderbare Zusammenfassen aller Errungenschaften aller Zeiten auf musikalischem Gebiete gründet sich das Neue in Brahms' Musik.

Viele können und mögen nun das Neue nicht finden und sehen, weil er kein Umstürzler war und für ihre Begriffe viel zu sehr an den hergebrachten, sich längst verbraucht habenden Formen klebte. Nein, ein Revolutionär in seiner Kunst, was man heute darunter versteht, war Brahms nicht. Er zerbrach nicht die Form, sondern er erhielt sie und gleich Beethoven erweiterte er sie, wo die Breite des Inhalts es erforderte und erfüllte sie mit einem Gedankenreichtum von so hinreißender und packender Kraft des Ausdrucks, wie wir bei Keinem nach-beethovenscher Zeit begegnen.

Es versteht sich von selbst, daß ein so gründliches Studium, wie Brahms beispielsweise Bachs Werken gewidmet hat, nicht ohne den bedeutendsten Einfluß auf ihn bleiben konnte. Wer sich mit einem so erhabenen Gedankenflug, wie wir ihn in Bachs Musik überall finden, beschäftigt und es tut mit solcher Hingebung und Liebe, mit solchem Verständnis und zur Stillung der einen Sehnsucht, ihm ähnlich zu werden, der befruchtet Geist und Phantasie nicht allein durch diese idealsten Vorbilder, sondern er erzieht sich auch zu einer Vornehmheit des Standpunktes, zu einem Gesinnungsadel und zur schärfsten

Selbstkritik, wie es auf einem anderen Wege und besser zu erreichen unmöglich gewesen wäre. Brahms hat durch nimmer rastende Arbeit es zur vollkommensten Beherrschung der strengen Formen der Fuge und des Canons gebracht und sich gerade dadurch befreit von allen beengenden Fesseln. Ihm wurde zu Spiel und Anregung, was für andere Hemmung, ja, Erstickung der Gedanken bedeutet; er eignete sich die denkbar schwierigsten kompositions= technischen Mittel an und lernte damit umzugehen und zu wirtschaften, wie sein großes Vorbild. Es ist eben ein Unterschied, wer sich befaßt mit den Problemen des Kontrapunktes und wie sie gelöst werden. Bei dem einen wird der Kontrapunkt zu einer trockenen Gelehr= samkeit, der Verstand erledigt mit aller Sicherheit die verwickelsten Kombinationen wie ein Rechenexempel, aber ohne Mitwirkung eines künstlerisch und genial gestalten= den Geistes; dem einen verkümmert der vielleicht schon mühsam genug erhaschte Gedanke gänzlich unter der schweren Last des kontrapunktlichen Gefüges, während es dem andern grade den Boden abgibt, aus dem, wie die Blumen und Sträucher aus duftigem moosigen Wald= grunde, die Gedanken ihre Nahrung ziehen und auf= wachsen zu wunderbollen und mächtigen Geistesgebilden! — Handelte es sich beim Studium Bachs in erster Linie um Musik in der Verbindung mit dem Textworte, so beim Studium Beethovens um die absolute oder reine Instru= mental=Musik, wie sie durch ihn zum Gipfelpunkt gelangt ist.

Es ist zu bedenken, wie klein die Anfänge derselben waren, ja, daß die ersten von Instrumenten allein ausgeführten Musikstücke eigentlich nur Übertragungen aus der Gesangsmusik waren, hauptsächlich Tanzlieder. Aus der Aneinanderreihung verschiedener, übrigens später von Haus aus für Instrumente gedachten und komponierten Tanzweisen, wie Allemanden, Sarabanden, Couranten, Bourrés, Ciaconnen, Passacaglien, Gavotten, und Giguen 2c. — entstanden die zyklischen Formen, die Suite und Partita, die durch Bach ihre höchste Blüte erreichte, und aus diesen stufenweise die Sonatenform, die größte, die wir besitzen.

Die erste Stufe bildet Philipp Emanuel Bach, der Sohn Johann Sebastians, in dessen Sonaten genannten Musikstücken sich die ersten Spuren eines zweiten Themas finden. Ihm folgen Haydn und Mozart; beider Sonaten, nun schon aus drei Sätzen bestehend, enthalten bereits zwei in Charakter mehr oder weniger kontrastierende Themen und in ihren Symphonien und Quartetten 2c., die ja nichts anderes als Sonaten für Orchester oder mehrere Instrumente sind, bildete sich, man kann wohl sagen, die beabsichtigte Gegensätzlichkeit der beiden Themen und deren kontrapunktische Verarbeitung mehr und mehr aus. Die Musikstücke in Sonatenform unterscheiden sich von denen der zyklischen Form dadurch, daß in ihnen die Melodie nicht wie vordem von mehreren kontrapunktierenden Stimmen umkreist, sondern getragen von auf dem Grundbaß ruhenden Harmonien mehr in den Vordergrund gerückt ist und daß die Sonaten= sätze in sich durch den verschiedenen Stimmungsgehalt der Themen eine reichere Abwechselung — auch in der Bewegung — aufweisen. —

Beethovens Genie war es vorbehalten, die Haupt= themen — bei ihm tritt häufig noch ein drittes hinzu — inhaltlich so zu potenzieren und zu individualisieren, daß sie die lebendige Kraft der Rede, der Handlung, des Kampfes besitzen, somit seine Musik uns nicht nur durch ihre Schönheit erfreut, sondern uns auch zu erschüttern im= stande ist.

Erscheint uns so manche Sonate oder Symphonie vor=beethovenscher Zeit zuweilen noch von ähnlich be= grenzter Ausdrucksfähigkeit, etwa wie ein Kind, dem zur Wiederspiegelung empfangener Eindrücke nur Lachen und Weinen zu Gebote steht, so erfuhren wir aus denen Beethovens, daß diejenige der Künste, die als letzte auf den Plan getreten und zur Entwickelung gelangt ist, die einzige ohne Vorbild unter ihnen, die Musik und zwar die vom Textwort unabhängige, reine Instrumental= Musik, der Kindheit entwachsen war und ihre vollkommene Selbständigkeit errungen hatte und nunmehr ihrem inneren Wesen nach und ihrer eigentlichen Bestimmung entsprechend grade da einzusetzen vermochte, wo die Ausdrucksfähigkeit der redenden und bildenden Künste aufhört.

2*

Nach langem Tasten und Suchen war in der Sonate die Form gefunden, die der Musik den Spielraum und die nötige Zeit gewährt, die sie gebraucht, um in ihrer an Ausdrucksmitteln reichsten Sprache die geheimnisvollsten Vorgänge im Gefühlsleben künden zu können.

Und grade die Fähigkeit, einen so bedeutenden und ergreifenden Inhalt, wie Beethoven der Sonate einzuhauchen verstanden, in sich aufzunehmen und zu bergen, erhob diese Form zur höchsten unter den musikalischen und stellte sie im Range gleich mit dem Drama unter den dichterischen!

Wohl besitzen wir ganz herrliche Sonaten von Schubert und Schumann — ihre Symphonien und Kammermusikwerke, weil derselben Form angehörend, mitgerechnet —; doch hindert Schubert häufig eine gewisse, freilich in jedem Augenblicke geistreiche, entzückende, ja, erquickende Plauderhaftigkeit, die kein Ende nehmen will, daran, das rechte Maß und die rechte Schönheit und Plastik der Form zu finden. Schumann dagegen erschwert die wonnige romantische Verträumtheit und sein beinahe ins Krankhafte gesteigertes Vermögen, den allerintimsten Gefühlsregungen nachzugehen, — um ihnen übrigens durch seine Musik den prägnantesten Ausdruck zu verleihen — die Form in Beethovenscher Vollendung zu gestalten. —

Vor, neben und nach diesen Meistern schrieben nun eine ganze Reihe von Komponisten Sonaten, das heißt sie füllten diese Form, sie äußerlich nachahmend, mit verbrauchter Musik und nichtssagenden Klangfiguren und würdigten sie auf diese Weise zur Schablone herab. Solche Machwerke werden von den neudeutschen Komponisten zwar richtig taxiert, doch wird gar oft die Sonatenform schuldig gemacht für die schlechte Musik, — ein sehr ungerechtes Verfahren! — Unvermögen und in seiner Folge die bedrückende Unlust, sich mit einer so widerhaarigen und offenbar inspirations=unfähigen Form abzugeben, erklären zur Genüge deren Beiseiteschiebung und die Entstehung der Programm=Musik, die ihre Anregung von außen her bezieht, und die, je unmusikalischer das Programm, destomehr imponiert und — desto leichter hinwegtäuscht über ihre Hohlheit.

Man degradiert die Instrumental=Musik, diese höchste und reinlichste Kunst wahrlich in schmählichster Weise, wenn man meint, daß sie eine Erzählung, eine Mordgeschichte, ein Bild oder ein Philosophem erkennbar wiederzugeben vermag. Wäre das möglich, so brauchte man ja der kurzen Programm=Überschrift eine so breit ausgeführte Erklärung mit Angabe der Themen, die dies oder jenes ausdrücken sollen, nicht beizugeben.

Man sollte nur einmal eine solche Musik ohne Programm vorführen und sich nachher erkundigen können, was man herausgefunden hat; wahrscheinlich alles, nur nicht das Gewünschte, noch wahrscheinlicher, nichts. — Solche Forderungen widersprechen dem Wesen der Musik; sie ist keine dienende Magd, die auf Geheiß von Hinz und Kunz allerlei niedere Dienste verrichtet, sie ist eine Göttin, die sich selbst ihre Werkzeuge und Priester erwählt und sich nur Wenigen offenbart und zu erkennen gibt! —

Der junge Brahms sah die Sache anders an; er erkannte die Selbstherrlichkeit und Machtfülle der Instrumental-Musik; ihm konnten symphonische Dichtungen nicht gefährlich werden, denn ihm waren von der Gottheit die Augen geöffnet um zu sehen, daß das Programm, das, was für die Musik den Inhalt bilden kann, nicht in der Außenwelt zu suchen, sondern unsichtbar, ungreifbar, unaussprechlich und in den tiefsten Tiefen der Menschenbrust verborgen liegt und daß aus diesem rätselvollen, unergründlichen Wohnsitz aller menschlichen Leidenschaft, Lust und Qual die Musik unaufhaltsam und sieghaft hervorbrechen muß, wie ein klarer heilkräftiger Quell oder das lebendige, vernichtende Feuer aus dunkelen und unerforschlichen Schlünden der Erde — einem unbegreiflichen Wunder gleich!

An Schubert und Schumann sah Brahms die Möglichkeit, der einsamen Höhe Beethovens zuzustreben und so des wahren Künstlers höchste Pflicht zu erfüllen und diesem Wegweiser ist er in immer gleicher Treue bis ans Ende gefolgt, so dornenvoll und unüberwindlich ihm auch seine Bahn oft erschienen sein mag! —

* * *

Es waren Sonaten, für Klavier allein und auch mit Violine, die der junge Brahms Rob. Schumann bei seinem ersten durch Joachim veranlaßten Besuch im Jahre 1853 vorlegte. Aus dem berühmten Artikel „Neue Bahnen", durch den Schumann der Welt Brahms verkündete, wissen wir, wie er die Werke des jungen Komponisten, der aus Hamburg kam, beurteilte. „Es waren Sonaten — schrieb er — mehr verschleierte Symphonien, jedes so abweichend vom andern, daß sie jedes verschiedenen Quellen zu entströmen scheinen". „Am Klaviere sitzend fing er an wunderbare Regionen zu enthüllen. Wir wurden in immer zauberischere Kreise hineingezogen. „Dazu kam ein ganz geniales Spiel, das aus dem Klavier ein Orchester von wehklagenden und lautjubelnden Stimmen machte."

Ja, er war gekommen, von dem Schumann hoffte, daß er „die Meisterschaft nicht in stufenweiser Entfaltung brächte, sondern wie Minerva, gleich vollkommen gepanzert aus dem Haupte des Kronion spränge." „Ein junges Blut, an dessen Wiege Grazien und Helden Wache hielten, ein Berufener, gebildet in den schwierigsten Satzungen der Kunst", wie Schumann Brahms in seinem Artikel nennt, zeigte dem Meister seine Erstlingswerke und unter diesen war die uns als Opus 2 bekannte Fis-moll = Sonate. Wenn man die allein einmal ernst betrachtet, so wird man Schumanns ekstatische Begeisterung ohne weiteres verstehen.

Die meisterliche Beherrschung der Form in ihrer größten Ausdehnung, die ungeheure innere Kraft der Themen, die Naturgewalt, mit der sie aus der heiß und mächtig brodelnden Quelle schöpferischer Fantasie hervorgestoßen sind, die maßvoll gebändigte, edele Leidenschaftlichkeit, die unendliche Fülle der Poesie — sie fordern die Bewunderung geradezu heraus. Dazu eine thematische Arbeit, die ihresgleichen sucht. Man beachte nur, welche Rolle im ersten Satze die vier ersten Noten des Hauptthemas spielen: an dem Eintritt des Basses nach dem Abschluß der Einleitung auf der Fermate, ferner beim Eintritt des zweiten Themas in Cis-moll u. s. f.

Trotzige Kraft und zartestes Gemüt, wundersam mit einander verwoben, tritt uns in diesem ersten Satze in lebendigster Verkörperung fesselnd und unsere Teilnahme in jedem Augenblicke heischend, entgegen. —

Das Andante (II. Satz) mutet uns an wie ein Volkslied, das uns singt von lauer Mondnacht und aller Liebeswonne und -wemut. Der Klaviersatz ist von überraschendster Neuheit; überreiche wie von 4 Händen gespielte, und alle Lagen des Klaviers umfaßende Klänge dringen an unser Ohr und breiten Melodien in schwellendster Pracht, weitem Mondesglanz auf flutendem Meere gleich, vor uns aus.

Das Scherzo geht aus dem Andante unmittelbar hervor, dessen erste Takte liegen auch ihm motivisch zu Grunde. Schnell huscht es an uns vorüber, um im Trio einer Melodie Platz zu machen, die uns berührt wie ein frischer Jubelruf in den reinen Ätherlüften der Alpen. Schaut man nun dieser so absolut neu wirkenden Melodie näher ins Auge, so erkennt man in ihr zum größten Erstaunen eine rhytmische Umbildung des 13. und 14. Taktes des Andante. Wiederholt man die erste Note des 13. Taktes, ebenso die drei folgenden Sechszehntel=Noten, so wird sie zur Evidenz klar und da so mancher an einem solchen Meisterzug des Berufenen achtlos vorüber geht, sei hiermit besonders darauf hingewiesen. — Das Scherzo kehrt in größerer Breite wieder, steigert sich bis zur Wild= heit, läßt noch einmal das Trio anklingen - eine Erinnerung an das verlorene Glück — und bricht dann jäh ab! —

Die ganze Anlage des letzten Satzes, — die Anti= zipation des Hauptthemas in der Einleitung der Übergang ins Allegro, das ängstlich Zögernde, die Bedrücktheit in der Stimmung und das energische Herausreißen, der grimme Humor, das Feierliche und Übermütige, das dröhnende An= klopfen des Schicksals, der versöhnende Schluß mit seinem Aufflug zum Himmel, — das alles gibt Zeugnis von Brahms' echtem und großem Genie, ebenso aber auch da= von, wieviel der starke, empfängliche Geist des Jünglings bereits durch das Studium seiner großen Vorgänger auf= genommen, verarbeitet und seiner eigensten Individualität angepaßt hatte. —

Zugegeben, daß die C-dur-Sonate Op. 1 in mancher Beziehung noch genialere Züge enthält und mehr noch

als in der eben besprochenen die Löwentatze verrät, die
innere Gereiftheit und dieselbe Stileinheit wie diese besitzt
sie noch nicht.

Im höchsten Maße charakteristisch ist nun aber, daß
sich in diesen ersten ebenso wie in allen späteren Werken
Brahms' nie die geringste Trivialität oder auch nur ein
Anklang daran vorfindet; aus jedem einzelnen spricht die
bündigste Abgeschlossenheit vom Gewöhnlichen und dieselbe
Herbigkeit und Zurückhaltung, die wir früher als wesent=
liche Eigenschaften seiner Persönlichkeit konstatieren konnten.
Auch fehlen in ihnen die Merkmale der Unselbständigkeit
und Abhängigkeit, wie sie Erstlingswerken gar zu oft
eigen sind.

Beethoven's ausschlaggebender Einfluß ist freilich
unverkennbar, in der Erfindung aber ist Alles so neu,
so absolut eigenartig und in so auffallender Weise,
daß es kaum begreiflich erscheint, wie wenig anerkennend,
ja, wie ablehnend man sich damals und noch lange Zeit
später dieser Tatsache gegenüber verhielt. Es findet
seine Erklärung einzig in dem Umstande: daß Brahms'
Musik Alles, was für den Aufbau und Fortschritt in
der Kunst sich als Norm erwiesen und zu Beethovens
lichter Höhe geführt hatte, mit der eigenen Individualität
verschmolzen in sich barg, gleichwie die Predigt und
Lehre des echten Propheten alle Weisheit, alle unum=
stößlichen Wahrheiten, die frühere bereits entdeckt und
verkündigt hatten, in sich faßt. Und wie eine solche gab

sie sich auch in aller Schlichtheit und Selbstverständlichkeit,
auf den äußerlichen Reiz vollkommen verzichtend; sie
stellte indeß, wie jene höhere Ansprüche an die sittlichen
Kräfte macht, höhere Forderungen sowohl an das musi=
kalische Verständnis, wie an die technische Fertigkeit,
das ist den meisten unbequem und reizt nicht gerade
übermäßig zur Nachfolge.

Überhaupt war der Zeitpunkt, in dem Brahms mit
seinen Kompositionen an die Öffentlichkeit trat, wenn
auch für die Kunst ganz gewiß der rechte, für ihn
selbst nicht der günstigste. Hatte man doch, was
die Musik anbetrifft, das Gefühl für den klassischen Boden,
auf dem man sich bewegte, mehr und mehr verloren;
eine Anzahl von Schablonisten hatte für den Bedarf des
musizierenden Publikums gesorgt, das Virtuosentum hatte
es verblüfft und geblendet durch seine haarsträubenden
Kunststücke, die, technisch bewunderungswürdig, musikalisch
aber meistens völlig gehaltlos, zur Verfeinerung des
guten Geschmacks nicht beitragen konnten.

Schubert's und besonders Schumann's Musik war
noch der Mehrzahl viel zu hoch und unverständlich und
in vielen Köpfen spukten, angeregt durch die Programm=
Musik des Franzosen Hector Berlioz, bereits die „Reformen",
die der Instrumentalmusik neues Leben einhauchen sollten.

Solchen war Schumann ein Reaktionär, dem man
nicht so recht traute, als er den neuen Propheten, von
dem er sagte, daß ihm auch der Genius der Bescheidenheit

innewohnte, als gekommen erklärte. Man fand sich ent=
täuscht und weit mehr angezogen von den Propheten,
die sich selber mit Pauken und Trompeten ankündigten.
Während nun diesen sich der Beifall und die Gunst der
Menge zuwandte, lebte Brahms ganz seiner Arbeit, nicht
stolz und anmaßend geworden durch Schumanns Weihe,
sondern danach ringend, die reichen Hoffnungen, deren
Erfüllung man von ihm erwartete, nicht zu täuschen.
Nach zuverlässigen Berichten derjenigen Musiker und
Freunde, mit denen Brahms in jener Zeit hauptsächlich
zusammen lebte und verkehrte, beschäftigte er sich mit
besonderem Eifer damit, sich die Technik der verschiedensten
Stilarten anzueignen. Beispielsweise hat er ganze Stöße
mehrstimmiger Chorsätze im Palestrinaschen Stile kom=
poniert, die er indeß nur als Studien betrachtet und
wieder vernichtet hat. Einen Extrakt davon besitzen wir
allerdings in seinen gedruckten Chorwerken; auf jeder
Seite zeugt, ganz abgesehen von dem geistigen Gehalt,
die musterhafte Stimmführung und Stimmen=Behandlung
von dem großen Fleiß und dem verständnisvollsten Ver=
senken in seine Vorbilder und Studien, was allein zu
einer solchen Meisterschaft führen konnte.

* * *

Seinen beiden Sonaten ließ Brahms zunächst ein
Heft Lieder folgen. Betrachtet man sie als die ersten
Lieder eines jungen Komponisten, so muß man sie als

wahre Perlen schätzen. Das erste unter ihnen: „Liebestreu“, „O versenk dein Leid“ überragt freilich alle übrigen ganz bedeutend; es ist von einer bewunderungswürdigen konzisen Geschlossenheit und motivischen Einheit und gerade dadurch die mit genialer Sicherheit getroffene Stimmung fest= haltend und so packend in der Wirkung. —

Den Liedern folgte ein Scherzo für Klavier, ein geistsprühendes, faszinierendes Stück, die beiden Trios schön kontrastierend, das Ganze durch eine eigenartige Klavierbehandlung auffallend. —

Das nächste Opus ist wieder eine Klavier=Sonate, sie steht in F-moll und ist wohl die tiefste und bedeutendste unter den drei Schwestern und fordert geistig wie technisch die vollkommenste Hingabe, wenn man sie in ihrer ganzen Schönheit erkennen und erschöpfen will. Sie enthüllt uns, besonders in den langsamen Sätzen, Seelen= stimmungen von höchster Poesie und erschütterndster Tragik und wer es nicht früher schon geahnt, der mußte an diesem Werke erkennen, wie er sich Brahms Musik gegenüber zu verhalten hat: nämlich daß, wenn der hohe Genuß an ihr in sein alleiniges Recht treten soll, eine ernste Arbeit voranzuschicken ist, die zu ersetzen imstande, was bei so mancher Musik in unserer Jugend andere Faktoren besorgt haben.

Es darf nämlich wirklich nicht zu gering in Anschlag gebracht werden, was das mühelose Lernen und Auf= nehmen in der Jugend, das Aufwachsen in einem

muſikaliſchen oder unmuſikaliſchen Hauſe, das Hören von
Urteilen von Autoritäten und noch mehr Nicht=Autoritäten
über Komponiſten und ausübende Künſtler für das ſpätere
Leben bedeuten. Manch Richtiges, viel Falſches wird
hinübergenommen in die Zeit, da der Menſch ſelbſtändig
denken und urteilen ſollte, wird feſtgehalten aus ſüßer
Gewohnheit, Bequemlichkeit und auch aus Gleichgültigkeit.

Auch darf nicht unterſchätzt und vergeſſen werden,
daß der Muſik=Unterricht, dem ja beinahe ohne Ausnahme
Begabte und Unbegabte gleichſam wie einem Schickſal
oder einer unvermeidlichen Kinderkrankheit anheimfallen,
wenigſtens ein Gutes hat, vorausgeſetzt, daß er von
wirklich tüchtigen Lehrern erteilt wird: der Schüler lernt,
wenn auch nicht immer wunderſchön ſpielen oder ſingen,
ſo doch gute Muſik und deren gute Ausführung
reſpektieren. Iſt der Schüler muſikaliſch, ſo geſellt ſich
zum Reſpekt die Liebe zur Muſik und es bildet ſich
zwiſchen ihr und dem begeiſterten Lernbefliſſenen jenes
ſchöne Verhältnis, das dem echten Dilettanten wie er ſein
ſollte, leider aber nicht immer iſt, ausmacht und ziert;
iſt er unmuſikaliſch, ſo kommt die Muſik und die Liebe
zu ihr zu kurz, aber es bleibt im günſtigſten Falle der
oft wunderwirkende Reſpekt. — Ohne ſich einer Über=
treibung ſchuldig zu machen, darf man ſagen, daß ſo
mancher eine Symphonie eines unſerer großen Meiſter
mit Leichtigkeit über ſich ergehen läßt und mit anderen
hochpreiſet, nicht etwa, weil er ſie wirklich ſchön, ſeinem

Geschmack entsprechend und seinem Verständnis zugänglich finden kann, sondern weil der Respekt vor dem so hoch bewerteten Künstler und Kunstwerke ihm verbietet, seiner eigentlichen Empfindung und Meinung lauten Ausdruck zu geben. Unter den enragierten Bach=, Letzten=Beethoven= und Wagner=Schwärmern sind solche am leichtesten zu finden. —

Als Op. 8 erschien das H-dur-Trio. Zum ersten Male zeigt sich an diesem Werke, daß die Meisterschaft des jungen Komponisten dem sich wundersam steigernden Zufluß seiner Einfälle noch nicht gewachsen ist. Wohl zwingt er sie in die Form, alle die vielen und schönen Gedanken, aber durch die Überfülle und mangelnde Geordnetheit drückt einer den anderen und sie leiden, gleichsam wie kostbare und subtile Gegenstände in einem überpackten Koffer. Das hat auch der alte Brahms sehr wohl erkannt und deshalb das Trio, das ihm als ein Stück seiner Jugend lieb und wert war, wieder hervorgeholt und mit einer Objektivität ohnegleichen ihm abgenommen, was zu viel war, hier umgestaltet, dort hinzugetan, mit einem Worte, es zu einem formvollendeten, herrlichen Musikstück umgeschaffen. Man braucht sich nicht zu verwundern, wenn manchem die erste Fassung mehr ans Herz gewachsen ist, als die zweite; es ist ja nur zu natürlich, daß bei der Umarbeitung manch grünes Blatt aus dem Kranze der Jugend verloren ging. Dafür hat das Werk aber um vieles an innerem Mark, an reifer Schönheit und dadurch an seiner Gesamt-Wirkung gewonnen.

Dem Trio Op. 8 folgten die Variationen über ein Thema von Rob. Schumann für Klavier, Opus 9. Es ist ein Werk, das uns einen tiefen Einblick tun läßt in die Werkstatt seines Geistes und das geheimnisvolle Wesen seiner Phantasie. Jede Variation bringt das an sich so zarte, eigentümlich fesselnde und erregende Thema aufgelöst in eine neue seltsame, fast ungreifbare, nebel- und schattenhafte Gestalt; es sind gleichsam lauter Er-scheinungen aus der vierten Dimension und man stellt sich gern unter den Bann, den der Verkehr mit Geistern ausübt, die Brahms Kopfe entsprungen und der uns einen Beweis gibt von der unergründeten und wohl auch unergründlichen Fähigkeit des Genies, hinüberzugreifen in eine phantastische Geisterwelt, die für das Genie wenigstens wirklich existiert, dem gewöhnlichen Sterblichen aber verschlossen ist. Welch unendliche Freude muß Rob. Schumann, der auf unirdischen Gebieten selbst so bewanderte, gehabt haben, wenn der junge Brahms ihm solche Dinge, wie diese Variationen brachte. Leider werden die Variationen nur ganz selten gespielt, ohne liebevolles Versenken und intimstes Befassen können sie in ihrer Tiefe und Bedeutung auch nicht erkannt und verstanden werden. Und doch gehören sie zu den Blumen, die nur alle hundert Jahre einmal erblühen und keiner sollte versäumen, den Moment ihrer Entfaltung einmal zu erleben.

Das erste Werk für großes Orchester ist die D-dur-Serenade Op. 11. Die Serenade, ursprünglich eine Nachtmusik, ein Ständchen im Freien und hauptsächlich von Blase-Instrumenten ausgeführt, um eine angenehme Überraschung und Unterhaltung zu bereiten, besteht aus einer Reihe nicht zu langer Musikstücke, die unter sich ohne inneren Zusammenhang sind. In den Konzertsaal verpflanzt, näherte sie sich allmählig mehr und mehr der symphonischen Form und verlor somit ihren harmlosen Charakter. Brahms D-dur-Serenade und mehr noch die zweite Op. 16 in A-dur für kleines Orchester ohne Geigen, die durch diese Beschränkung ein noch intimeres Gepräge erhält, sind nun auch über ihren eigentlichen Zweck bedeutend hinausgewachsen. Mit tausendstimmiger Zunge, mit dem geheimnisvollen Flüstern e i n e s liebeskühnen und =seligen Herzens zum a n d e r e n redet die Musik zu uns; sie ist ein knospenhaft=schüchternes Sich=Entdecken und ein Sich=Anvertrauen beim Dämmerschein des Mondes, bei Jasminduft und Nachtigallensang und nur der wird den eigentümlichen Zauber dieser Werke empfinden, der sich in seiner Phantasie aus dem Konzertsaal hinaus in eine solche Umgebung und Stimmung zu retten vermag. —

Einen schroffen Gegensatz zu diesen Serenaden bildet nun das erste Klavier=Konzert in D-moll, Op. 15. Das ist der ausgewachsene, mähnenumwogte, stolze und gewaltige Löwe!

Als wenn sich die Naturgewalten aller Fesseln ent=
ledigt, als wenn alle Krater der ganzen Erde auf ein=
mal sich entladen, so tost und kracht und donnert es um
uns her im I. Satz. Zermalmend und vernichtend fegt
und braust der Sturm dahin, Wehklagen erfüllt die Luft
und zagen Herzens, hoffnungsbang begrüßen wir das
Sonnenlicht, wenn es durch dunkele Wolkenfetzen bricht,
um gleich darauf wieder zu fliehen und uns zu ver=
bergen vor den losgelassenen Elementen!

Der II. Satz bringt Himmelsklarheit und =ruhe,
Balsam und Trost für verwundete Herzen. Der letzte
Satz ist ein trotziger Gesell, der uns verfolgt mit seiner
Leidenschaft und Kraft, uns fürchten macht, um uns im
nächsten Augenblick lachend an seine breite Brust zu
pressen und wir fühlen uns wohl und sicher in seiner
Haft.

Dieses Konzert enthüllt Brahms' geniale Erfindungs=
und Gestaltungskraft in ihrer ganzen unendlichen Fülle;
aber auch nach einer andern Richtung hin ist es ein
Werk von besonderer Bedeutung.

Das Konzert für ein Solo=Instrument mit Orchester
war von dem musikalischen Niveau, auf das es Beethoven
gehoben, allmählig herabgesunken zu einem Musikstück,
das in drei Sätzen dem Virtuosen Gelegenheit gibt, seine
Künste zu zeigen; das Orchester hatte dabei keine selbst=
ständige, sondern nur eine begleitende Rolle und unter
dem Ballast der für das Solo=Instrument aufgestapelten

technischen Schwierigkeiten, sank der Wert der Musik tiefer und tiefer.

Schon Mendelssohn hat mit allerschönstem Gelingen in seinem Violinkonzert wieder angeknüpft an Beethovens wunderherrlichem Violinkonzert, in welchem wir ja nicht nur eins seiner bedeutendsten Werke besitzen, sondern auch das unerreichte Musterbild für alle Konzerte, zu bewundern hatten. Brahms geht nun in seinem D-moll-Klavierkonzert in sofern einen bedeutsamen Schritt weiter, indem er es zu einer Symphonie mit Klavier erhob. Zu den reichen Farbentönen, mit welchen er uns dieses kolossale Tongemälde schuf, fügte er noch das Klavier, dem zuerteilt ist, was es, seiner klanglichen wie technischen Eigenart entsprechend, allein und am besten ausdrücken kann. Und wenn von dem Pianisten auch die horrendeste Technik gefordert wird um seiner Aufgabe gerecht zu werden, so tritt er doch mit seinen Soli nicht als Virtuose in den Vordergrund, sondern mehr in Reihe und Glied mit den anderen Instrumenten im Orchester. Jedenfalls wird derjenige das Konzert am besten spielen, der das Werk als Ganzes vollkommen beherrscht und nicht m e h r will, als an der Wiedergabe des überwältigenden Inhalts mit feinstem Verständnis und vollem Aufwand aller seiner Kräfte sich beteiligen.

Das Riesenwerk fiel bei seiner ersten Aufführung in Leipzig mit Brahms am Klavier glänzend durch und lange, sehr lange hat es gedauert, ehe es vor breiteren

Schichten in seiner Bedeutung erkannt und goutiert wurde.

Da kommt einem unwillkürlich der Gedanke: wenn doch mal wieder ein großes Instrumentalwerk durchfiele, das wäre nach einer langen Zeit der Dürre vielleicht wieder was rechtes und ordentliches! Oder: Welches ist wohl das bessere Publikum, das um 1860, welches nicht beklatschte, was ihm nicht einging, weils ihm zu hoch war; oder das heutige, das alles applaudiert, weil ihm nichts zu hoch oder — zu niedrig ist?!

In Brahms Violinkonzert Op. 77 und in seinem zweiten Klavierkonzert, B-dur Op. 83 herrscht dasselbe Prinzip wie in dem eben besprochenen und es erweist sich in ihnen noch überzeugender als ein Mittel das Konzert zu veredeln und den ausübenden Künstler auf eine höhere musikalische Stufe zu heben. —

Mit seinem Op. 18, dem B-dur-Streich-Sextett er-öffnet nun Brahms auf das glänzendste die lange Reihe seiner Werke für Kammermusik. Dieses Sextett hat sich längst in den Herzen Aller festgesetzt, die Sinn und Ver-ständnis für diese reinste, transzendentale Kunst besitzen und es bedeutet nichts anderes, als die höchste Aus-zeichnung, wenn man von ihm sagt: es könnte auch vor Beethoven komponiert sein.

Es ist ja geradezu erstaunlich zu welch vollendeter Schönheit sich Erfindung, Gestaltung und Form in diesem

Werke kulminieren, einen schlackenlosen, reinsten Genuß
bereitend.

Im Gegensatz zu dem beinahe in griechischer Anmut
sich bewegenden Kunstwerke stehen die beiden Klavier=
quartette, Op. 25 und Op. 26. Sie versetzen uns mitten
in die Romantik; man glaubt den deutschen Wald noch
nie so rauschen gehört, noch nie die geheimnisvollen
Sagen, die uns der Wind im Schatten alter Burgruinen
zuraunt, so deutlich und berückend vernommen zu haben.

Ein seltsam Leben umgibt uns, so reich und traum=
haft schön und mit wundersamer Gewalt ergreift es und
zieht es uns in seine Zauberkreise. Musik von so schwellender
Kraft und so hinreißendem Schwunge auf dem Gebiete
der Kammermusik hatte man noch nicht gehört, noch nie=
mals eine solche Klangfülle von den vier Instrumenten,
von denen eins das andere durch Aufwand aller technischen
Mittel und charakteristischen Eigenschaften zu überbieten
scheint, um zu dem berauschenden Zusammenklang bei=
zutragen! Brahms sagte einmal von diesen Quartetten,
sie seien zu dick instrumentiert; er sagte es lächelnd und
hatte augenscheinlich doch seine innige Freude daran,
denn zu einer so übermächtigen Flut von herrlichen
Melodien gehört ein so starker Ausdruck ebenso, wie zum
kochenden Geiser, der die Erdkruste durchbricht und hoch
in die Lüfte springt, der Dampf.

So ähnlich verhält es sich auch mit dem Klavier=
quintett Op. 34; doch ist dieses mächtige Werk in seinem

Inhalt fast durchweg furchtbar ernst und tief erregend, eine Tragödie in Tönen. —

In dem Trio Op. 40 für Klavier, Violine und Wald= horn haben wir es mit neuen, überraschenden Klängen zu tun. Die Kombination der drei Instrumente führte den Komponisten in bis dahin noch unentdeckte Gebiete; es enthüllt in der Tat, um an Schumanns Ausspruch zu erinnern „wunderbare Regionen" und man weiß nicht, was man mehr bewundern soll: die Schärfe der Zeichnung und charakteristische Farbengebung, oder die Neuheit der phantastischen Gebilde.

Desgleichen entrollt Brahms in seinem C-moll- Klavierquartett Op. 60 eine Seite seines Gemütes, die uns bis dahin verborgen war.

Es ist ein Werk erfüllt von tiefster Innigkeit und Wehmut, von einer Gefühlsstärke und =wärme, vor der alles dahin schmelzen muß und von einer Melodien=Süßig= keit sondergleichen, — man denke nur an das Cello=Solo im Andante — aber auch ein großer, nur mit Mühe verbissener Schmerz durchzieht das ganze, und es wird uns nicht schwer das in dem Werke zu finden, was es enthalten soll, nämlich seine — Brahms' — „Werthers Leiden". So erzählte man sich damals, als das Werk eben erschienen, in intimen Kreisen und warum auch sollte diese Tondichtung nicht angesehen werden können als Ergebnis und Niederschlag eines schmerzlichen Er= lebnisses? — Aber ganz Brahms=echt ist, daß er nicht,

wie jener junge Werther, den Lebensfaden in sentimentaler
Haltlosigkeit zerreißt, sondern, wie der letzte Satz und dessen
Schluß beweißt, im Aufblick zu Höherem die Kraft findet
weiter zu leben und zu streben. —

Wir können nicht fortfahren, jedem einzelnen von
den vielen noch erübrigenden Kammermusik=Werken soviel
Zeit zu widmen. Leider! Denn nichts würde mehr
Freude machen als zu konstatieren, wie unbegrenzt Brahms'
Schöpferkraft allein auf diesem Gebiete war und wie
reich wir durch ihn geworden sind. Nur das Klarinetten=
Quintett in H-moll Op. 115 sei noch genannt als das
höchste und vollendetste, was er in dieser Gattung wohl
geschaffen!

Wir wenden uns zurück und dem Werke zu, welches
in höchster Potenz die Erfüllung dessen brachte, was der
Seher Teiresias = Schumann 14 Jahre früher voraus=
gekündet. Er schrieb: „Wenn er seinen Zauberstab dahin=
senken wird, wo ihm die Mächte der Massen, im Chor
und Orchester, ihre Kräfte leihen, so stehen uns noch
wunderbarere Blicke in die Geheimnisse der Geisterwelt
bevor." —

Es ist das deutsche Requiem, das erste große Werk
für Chor und großes Orchester, das er veröffentlichte. —
Man muß sich nur klar machen, was das heißt: Ein
deutsches Requiem!

Eine hundertjährige Gewohnheit faßte alle Gefühle
und Gedanken, tiefstes Leid und gramvolle Trauer, die

den Menschen beim Tode lieber Angehöriger erschüttern
und quälen, zusammen in dem Texte der katholischen
Totenmesse. — So wenig geleugnet werden kann, daß
derselben Gedanken von höchster Poesie und dramatischer
Kraft und somit genug Elemente innewohnen, die sich
für den musikalischen Ausdruck ganz besonders eignen,
ebensowenig läßt sich leugnen, daß diese „missa pro de-
functis", weil einem bestimmten Glaubensbekenntnis ent=
sprungen und angehörend, vielen als eine nicht alle
Tiefen des Grames, nicht alle Höhen des Ausblicks, der
Gewißheit und Hoffnung auf ein ewiges Leben erschöpfende
Formel erscheinen kann.

Solche Empfindungen mögen den freien, innerlich
so frommen Protestanten Brahms veranlaßt haben, einen
Text zu suchen, der, dem ungeheuren Vorwurf entsprechend,
geeignet wäre, allen Menschen ohne Unterschied zu geben,
was sie an Trost, an Halt und Hoffnung in ihrem
Kummer an der Bahre der lieben Dahingeschiedenen bedürfen.

Und forschend versenkte er sich in das Buch, das
Alles und für Alle enthält, die in ihm danach suchen;
und er kannte seine Bibel so gut und fand alles, was
dem schmerzdurchwühlten Gemüt not= und wohltut
und in der erhabenen Einfachheit, Schlichtheit und Un=
gekünsteltheit liegt gerade die wunderbare, Trost bringende
und aufrichtende Kraft des Bibelwortes; Allen gleich
verständlich, kann es seinen Weg zum Herzen bei Keinem
verfehlen.

Und wie hat Brahms es verstanden, allen Stimmungs-
phasen in der Zusammenstellung des Textes gerecht zu
werden und der Tränensaat des Erdenlebens die
Freudenernte des Himmels, der alles Zeitliche
vernichtenden schaurigen Macht des Todes die Ver-
heißung des ewigen Lebens gegenüber zu stellen!

Was nun dieser deutsche Requiemtext dem deutschen
Komponisten bedeutet hat, das zeigt uns die Musik, in
die er ihn gekleidet hat. Nicht mehr gebunden an ein
bestimmtes Schema, nicht beengt und eingeschränkt durch
das Dogma, wächst seine Phantasie und sein Geist gleichsam aus der Dunkelheit des Grabes dem Angesichte
Gottes entgegen. Nicht der romanische Rundbogen,
der in seiner Mitte die aufstrebenden Gedanken sammelt
und sie wieder zurück zur Erde gleiten läßt, sondern der
gothische, in die freien Lüfte ragende, in die Unendlichkeit
weisende deutsche Turm mußte ihm vorbildlich sein für
das Denkmal, das er den im Frieden Gottes ruhenden
Toten errichten wollte, an dessen Anblick die Lebenden
die Seelenkraft zu ihrem Aufflug in das Gottesreich gewinnen sollten! —

Wie ihm das Große gelungen, darüber brauchen wir
kein Wort zu verlieren; in seiner lapidaren Größe und
Erhabenheit steht sein Requiem neben Bach's Matthaeus-
Passion und Beethoven's Missa solemnis, wie diese un-
vergänglich.

Brahms aber, der bei all seinem Selbstvertrauen so bescheidene, mag den Beiden, während er sein Requiem schuf, oft im Stillen gedankt haben für alles, was er von ihnen gelernt hatte und daß ihm, in Stunden des Zagens und Bangens, beider Geist kräftigend und erhebend zur Seite gestanden!

Neben dem Requiem steht das gewaltige Triumph= lied, ein vulkanischer Ausbruch seines patriotisch stolzen Herzens, in dem alle Schleusen seiner eminenten Kunst geöffnet scheinen, um dem Herrn ein Lob= und Danklied zu singen, würdig der großen Taten, die unserem Volke den Sieg und das geeinte Vaterland gebracht haben.

An den Dichtungen der drei noch übrigen Werke für Chor und Orchester erkennt man so recht, wes Geistes voll der Komponist war; es sind Hölderlin's Schicksals= lied, Goethe's Gesang der Parzen und Schiller's Nänie. Sie enthalten dem Griechentum entlehnte tiefe Gedanken und Empfindungen: Wie die leidenden, dem Schicksal unterworfenen Menschen wie Wasser von Klippe zu Klippe geworfen werden, jahrelang ins Ungewisse hinab, während die schicksallosen Götter droben im Licht wandeln und ihre Augen blicken in stiller ewiger Klarheit.

„Es fürchte die Götter das Menschengeschlecht“ und „der fürchte sie doppelt, den je sie erheben.“

    „Erhebet ein Zwist sich,
    So stürzen die Gäste,
    Geschmäht und geschändet
    In nächtliche Tiefen

Und harren vergebens,
Im Finstern gebunden,
Gerechten Gerichtes.
Sie aber, sie bleiben
In ewigen Festen
An goldenen Tischen."

Abseits und ungerührt stehen die Götter, wenn der Held seinem Schicksal erliegt, wenn das Schöne vergeht und das Vollkommene stirbt; doch der Mensch, der edle, bescheidet sich und hebt sich selbst durch den Gedanken:

„Auch ein Klaglied zu sein im Mund der Geliebten ist herrlich,
Denn das Gemeine geht klanglos zum Orkus hinab."

Das sind Gedanken und Gefühle, die unseren Komponisten gerade so fesselten, erregten und zur Gestaltung zwangen, wie unsere Dichter.

Nie hat Brahms eine Dichtung gewählt, die keinen bedeutenden inneren Kern besaß und die höchstens nur dazu hätte dienen können, den Untergrund für eine äußerlich effektvolle Musik abzugeben. Das würde auch den hohen Forderungen, die er an sich und an seine Kunst zu stellen gewohnt war, wenig entsprochen haben.

Ihn reizte allein, ein Problem mit der ganzen Kraft seiner Seele und seines Verstandes zu durchdringen, um ihm durch die Verbindung seiner Musik mit dem Dichterwort doppelte Wucht und Eindringlichkeit zu verleihen, unbekümmert um den Erfolg und Beifall, den das Werk etwa finden würde oder nicht. —

Brahms stand im 45. Jahre, als seine erste Symphonie erschien. Schon lange hatte man auf sie gewartet und einander gespannt gefragt, wie die wohl aussehen würde. — Nun war sie da und Anhänger wie Gegner Brahms' schauten sich verblüfft in die Augen! War denn diese I. Symphonie wirklich die erste? Wohl ganz gewiß nicht!

Wer vermöchte zu sagen, wieviel Symphonien er fertig im Kopfe getragen, durch welche Arbeit er seine Kräfte so gesteigert hatte, um zu einer so gewaltigen Tat auszuholen!

Nun war sie da, die C-moll-Symphonie und hatte eingeschlagen, wie eine Bombe! Auf der einen Seite die neue Enttäuschung, daß Brahms sich abermals an die alte Form gehalten hatte; auf der andern Seite Jubel und Freude über ein Werk, das über das Maß dessen, was man erwartet hatte weit, weit hinausging. Seit Beethovens Tagen hatte man ein solches Meisterstück auf dem Gebiete reiner Instrumental-Musik nicht gesehen und gehört; es ist deshalb auch nicht allzu verwunderlich, wenn man, darauf hinweisend, die C-moll-Symphonie emphatisch die „zehnte" Symphonie nannte.

Wie nun ein Laie, der wenig oder vielleicht garnichts von der Kunst versteht, das Recht hat zu wünschen, daß ein Kunstwerk auch auf ihn, ohne daß er eine Ahnung von der Struktur desselben hat, eine Wirkung ausübe; so hat der Kunstverständige das Recht der Freude und Genugtuung darüber, daß die tiefgehende Wirkung, die

zum Beispiel die C-moll-Symphonie auf alle nur einigermaßen Musik-Empfängliche hinterläßt, eben als eine Folge
ihrer künstlerischen Struktur und der wunderbaren Über-
einstimmung von Form und Inhalt zu konstatieren ist. —

Für alle diejenigen, die die C-moll-Symphonie nicht
kennen, würde die eingehendste Besprechung derselben ohne
Nutzen bleiben müssen, da auch die schönste dichterische
Interpretation nicht den leisesten Begriff von der Musik
selbst beizubringen vermag. Für die aber, welche sie gehört
und durch sie bereits den mächtigsten Eindruck empfangen
haben, sei erinnert an die Einleitung des ersten Satzes,
in der das Herz eines vom Schicksal schwer bedrückten,
leidenden Menschen, laut hämmernd, zu pochen scheint
und an den in dem düstern Allegro sich austobenden
furchtbaren Kampf gegen die in der Menschenbrust
hausenden Dämonen. In gänzlicher Erschöpftheit endet
der erste Satz und man würde im Zweifel sein, wer
Sieger geblieben, zeigte nicht bereits der II. Satz eine
seelische Genesung und Erstarkung, wie sie nur dem Über-
winder zuteil werden konnte. Zufriedenheit und ein in
der Resignation wurzelndes Glück klingt aus dem III. Satz.
Und nun die Einleitung des letzten Satzes! Kriecht aus
der Dunkelheit noch einmal das lauernde Schicksals-
Ungeheuer hervor, um den Menschen, den armen, zu über-
fallen und zu vernichten? Welch unheimliche Klänge, welch
schauerliche Pizzikati erschüttern uns! Zu welcher Raserei,
und zu welchem Gipfelpunkt qualvollen Entsetzens werden

wir getrieben, bis endlich der wundersame Hornruf er=
tönt, um uns zu erlösen, um uns statt der Hölle den
Himmel schauen zu lassen!

Die Flöte wiederholt das Hornthema mit einem
leisen Trompeten=Nachhall, — ein Himmels=Lichtstrahl,
wie vom Glanze der Rüstung des Erzengels in unser
Erdendunkel geworfen — dann noch die feierlich=ernsten
Posaunen=Akkorde und nun setzt die breite, herrliche
Melodie der „zehnten" Symphonie ein und reißt uns
mehr und mehr fort und hinein in einen Taumel des
Entzückens, Triumphes und göttlicher Freude, wie er
höher und berauschender nicht zu denken und wohl auch
nicht zu überbieten ist!

Wer aber nicht nur durch das Hören solcher Musik
seine schönheitsdurstige Seele tränken kann, sondern auch
noch imstande ist die Partitur zu lesen und zu verstehen,
dem werden sich erst alle Wunder auftun!

Der wird erkennen, daß die packende und erschütternde
Wirkung nicht allein ausgeht von den überströmenden,
inhaltreichen Gedanken, sondern zum großen Teile auch
erzielt wird durch die geniale Gestaltungskraft, durch die
merkwürdige Verarbeitung und Ausnützung der Themen,
der einzelnen Motive und Motivteile, durch das Aus=
scheiden a priori alles Unwesentlichen, durch das Sammeln
aller, wenn auch noch so kleinsten, vom Ganzen abgesprun=
genen Splitter, um weder an Stoff, noch an gebärender
Kraft auch nur ein Atom verloren gehen zu lassen — mit

einem Worte, durch die organische Entwickelung und die
durch diese erreichte Einheitlichkeit des Kunstwerkes! —

Dazu kommt eine meisterhafte Instrumentation, des=
wegen besonders meisterhaft, weil sie sich in edelster Be=
schränkung zeigt. Jedes einzelne Instrument ist seiner
Individualität durchaus entsprechend behandelt und heran=
gezogen und wenn auch die allerbeste Orchester=Technik
vorausgesetzt und beansprucht wird, so wird doch keinem
einzigen Instrument je etwas zugemutet, daß seine
Leistungsfähigkeit übersteigt oder seine Klangschönheit
irgendwie beeinträchtigt.

Und überall, auch an den Stellen, wo alle Instrumente
sich zur Massenwirkung vereinigen, herrscht die klarste Durch=
sichtigkeit und staunenerregend ist bei der Kompliziertheit
des Apparats, bei der Vielstimmigkeit und Entfaltung der
kontrapunktischen Künste, die vollkommene Reinheit des
Satzes.

Die gehört jetzt beinahe ganz zu den überwundenen
Standpunkten!

Alles ist heute berechnet für die Wirkung aus der
Ferne; wer den Mechanismus in der Nähe betrachten
will, der mache sich gefaßt auf die äußerste Willkür, auf
höchst unkünstlerisches Verfahren und auf eine verwerfliche
Spekulation auf die Urteilslosigkeit der Menge zu stoßen
und präpariere sich, auf alle integrierenden Eigenschaften, die
ein Kunstwerk erst zu einem wahren und echten machen

und daß die Lüftung jeder geheimsten Falte vertragen
können muß, zu verzichten! —

Wer mit seinen Gedanken im Sonnenlicht wandeln
und in seinem Herzen den Frühling und die Liebe
Triumphe feiern lassen will, der höre Brahms' II. Sym=
phonie in D-dur.

Die III. Symphonie, F-dur, könnte die Überschrift:
„Ein Heldenleben" tragen. Besser aber, es entwickelt
sich ohne Überschrift aus den Gefühlen und Bildern, die
die Musik in uns erweckt, allmälig eine mit dem Inhalt
sich einigermaßen deckende Vorstellung, als daß umgekehrt
die Phantasie während des Hörens widerwillig sich in
vorgeschriebenen Bahnen bewegen muß, um am Ende
wie ein im kalten Zimmer eingeschlossener, flatternder
Schmetterling ermattet niederzusinken und sich dem
Schicksal zu ergeben.

Die IV. Symphonie, E-moll, ist wohl die am
schwersten verständliche; Brahms' Seelen= und Geistes=
kraft, sein künstlerisches Vermögen erscheint in diesem
grandiosen Werke, so paradox es klingen mag, noch ins
Ungemessene gesteigert und gewachsen.

Besonderes Zeugnis davon gibt der letzte Satz, dem
ein achttaktiges ernstes Thema zu Grunde liegt, das nach
der Art der alten Ciaccona oder Passacaglia variiert
wird. Der letzte Satz von Beethoven's Eroica ist ähnlich
gestaltet und besteht ebenfalls aus Variationen über das
so berühmte Baß=Thema, doch sind sie in größerer Freiheit

und nicht in so unbedingter Strenge und Gebundenheit durchgeführt, wie es die Form der Ciaccona erfordert. —

Durch diesen, der E-moll-Symphonie einen über=wältigenden Abschluß gebenden Satz hat Brahms bewiesen, wie verkehrt es wäre, die alten, scheinbar verbrauchten, vergessenen Formen zu mißachten. Sie können für den, der mit dem göttlichen Odem des Genies ihnen neues Leben einzuhauchen und sie zu pflegen versteht, Keime von größter und Frucht verheißender Triebkraft enthalten und zu neuen Offenbarungen führen. —

Die Variation, als Kunstgattung betrachtet, hat Brahms gleich Bach und Beethoven besonders gepflegt; er, der sie mit unerreichter Meisterschaft beherrschte, hat sie zu einer Kunstform von höchster Ausdrucksfähigkeit und Bedeutung gesteigert und ihr den breitesten Raum in vielen seiner großen Werke gegönnt, auch eine ganze Reihe von Einzelwerken geschaffen, unter denen die Variationen über ein Thema von Händel für Klavier, Op. 24 und die über ein Haydn'sches Thema (Chorale St. Antoni) die erste Stelle, man darf wohl sagen, in der ganzen Literatur einnehmen. —

Viel, sehr viel schönes wäre zu sagen über die Tragische und über die Akademische Fest=Ouverture, über die wundervolle Rhapsodie für eine Altstimme, Männer=chor und Orchester und so manches andere Werk!

Doch noch ein anderes Gebiet öffnet sich unserem Blick: die Lieder und Gesänge für eine und mehrere

Stimmen, mit und ohne Begleitung, die Brahms in so reicher Fülle uns geschenkt hat. — Erscheinen uns seine großen Werke gleichsam wie die, die verschiedenen Ent-wicklungs=Stadien kennzeichnenden Marksteine auf der immer aufwärts führenden Bahn seines Lebens, so die Lieder als die duftigen farbenprächtigen Blumen= und Blattgewinde, die sie umkränzen und üppig umranken.

Gewiß ist ein großer Teil von Brahms Liedern Gemeingut aller Singenden geworden, so bekannt und gekannt, wie es sein sollte und wie man vielleicht an-nimmt, sind sie aber noch längst nicht; ja, man darf beinahe sagen, daß die meisten Lieder von den Meisten noch nicht gesungen werden. Und hätten wir nicht gott-begnadete Sänger, wie Julius Stockhausen, Amalie Joachim, Hermine Spieß und Herm. von der Meden gehabt, die begeistert und begeisternd die Lieder ins Publikum ge-tragen, so sähe es wahrscheinlich noch trüber aus. Der Grund hierfür ist nicht so schwer zu finden. Brahms setzte mit seinen Liedern ein zu einer Zeit, als Schubert nicht allzuviel, Schumann noch kaum gesungen wurde; dieser beiden und Beethovens Lieder bilden aber die eigentliche Brücke zu der Brahmsschen Lyrik und nicht Rob. Franz und so viel andere, die ja auch ihre Zeit hatten.

Je mehr nun die neueste Zeit mit all ihren Neuerungen die Menschen in Anspruch nahm, desto mehr litt das Feingefühl, desto mehr verblaßte Alles, was in seiner schlichten Schönheit nicht mehr so recht leisten konnte, was man zur Befriedigung des Erregung=bedürftigen Kunstsinnes von heute braucht. —

Es giebt ein vortreffliches Buch: Brahms=Texte, eine Sammlung aller von Brahms in Musik gesetzten Dichtungen, herausgegeben von Dr. Gustav Ophüls. Es ist außerordentlich lehrreich und interessant, aus ihm zu sehen, welcher Art und welchen Inhalts die Texte sind, die Brahms gewählt hat und mit welch sicherem Griff er sich aus der überreichen vaterländischen Literatur und auch aus den zahlreichen Nachbildungen aus fremden Sprachen herausholte, was er für die Verbindung mit der Musik für geeignet hielt. Man vertiefe sich doch einmal in dieses Buch und lasse sich durch dasselbe zu einem mehr als oberflächlichen Studium der Lieder an= regen, um zu der Erkenntnis zu gelangen, welch unend= lichen Reichtum an schönen Melodien sie bergen, mit welch wundervollen, reinen und sicheren Linien sie den poetischen Vorwurf nachziehen, welche enorm malende und darstellende Kraft die Begleitung hat und wie Beides, Melodie und Begleitung, Alles erschöpft und ausdrückt, was über den Wortbegriff hinaus in uns erweckt wird und uns so seltsam bewegt und das überhaupt nur noch durch die Musik so eindringlich und ergreifend übermittelt werden kann.

Man überzeuge sich doch einmal davon, welch fertiges, in sich abgeschlossenes, feines, vollendetes kleines Kunstwerk jedes einzelne Lied ist, mit welcher Subtilität das Gedicht als Ganzes und seine musikalische Deklamation behandelt ist, mit welcher Feinsinnigkeit sein Kern entschalt und von neuem mit einem zauberhaft durchsichtigen, leuchtenden Gewande durch die Musik umgeben ist.

Man wolle doch nur ja nicht denken, daß es so leicht ist, ein gutes Lied zu schreiben, oder meinen, daß eine beliebige Musik zu irgend einem Text schon eins darstellt.

Vom Text muß gefordert werden, daß er den dichterischen Gedanken in schöner Form und Sprache zum Ausdruck bringt und im Stande ist, unser Gefühl so anzuregen, daß, als Mittel es zu erschöpfen, der Gesang sich uns als ein Herzens = Bedürfnis beinahe von selbst aufdrängt; von der Musik: daß sie diese als notwendig empfundene Gefühls=Ergänzung in edelster Weise und in künstlerisch vollendeter Form auch leiste.

Was sich zur Komposition eignet, läßt sich nicht mit wenigen Worten sagen und feststellen, das muß dem genialen Künstler überlassen bleiben, der nicht nur die Mittel, sondern vor allem die Grenzen seiner Kunst genau kennen muß.

Nur die Lieder unserer größten Meister haben den Wechsel der Zeiten überdauert und konnten zum unver= sieglichen Quell werden für alle nach wahrer und echter Lyrik Dürstenden, eben weil sie den genannten Forderungen ihrem inneren und äußeren Wesen nach vollkommen ent= sprechen. Dagegen sind hunderte von Liedern, mit welchen

ja die singende Welt zu allen Zeiten gradezu über-
schwemmt worden ist, verweht und vergessen, weil sie
allenfalls dem Tages-Geschmack Ungebildeter, nie aber
künstlerisch hohen Anforderungen genügen konnten.

Auch in unserer Zeit ist die Produktion in diesem
Genre ganz erstaunlich; aber man untersuche doch einmal,
was man heute alles als Lied oder Gesang in den Kauf
nehmen muß: aus der Zeit geborene Tendenz-Verse,
Ergüsse kranker Philosophen oder perverser Dichterlinge,
eingekleidet in musikalische Rücksichtslosigkeiten, hochtrabende
aber hohle Ton-Phrasen und harmonische Manschereien.
Weder ein solches Machwerk, noch der Beifall, den es
findet, wäre denkbar und möglich, wenn man Vergleiche
mit dem Besten, was wir besitzen, anstellte! —

Aus den Brahms-Texten erfahren wir auch, mit
welcher Liebe er das Volkslied, diesen klaren Spiegel der
Volksseele, gepflegt hat.

Viele köstliche Lieder hat er wieder lebendig und
wirksam gemacht, indem er sie für Chor setzte und fein-
sinnig ein jedes Lied in ein harmonisches Gewand kleidete,
das der Zeit seiner Entstehung entsprach; viele hat er
mit einer charakterisierenden Klavierbegleitung versehen
und gar manches volkstümliche Gedicht hat durch ihn
eine Melodie erhalten, so einfach anspruchslos und
ausdrucksvoll und dem Volkslied so fein und glücklich
nachempfunden, daß es kaum von einem solchen zu

unterscheiden ist und dadurch die Möglichkeit in sich
trägt, wirklich einmal eins zu werden.

Wie Brahms alle Dichtungen fremder Völker anzogen,
beweisen zahlreiche Kompositionen derselben, ebenfalls
fesselte ihn ganz außergewöhnlich nationale Musik. Die
Ungarische hatte es ihm ganz besonders angetan, fand er
doch genug Gelegenheit, sie in Wien und auch in deren
Heimatlande zu hören.

Während nun ungarische Melodien von einigen
Komponisten viel benutzt, aber hauptsächlich für ihre
virtuosen Zwecke ausgenutzt sind, hat Brahms es ver=
standen, sie in eine künstlerische Form zu fassen und durch alle
ihm so unbedingt zu Gebote stehenden Mittel daraus
die reizvollsten, das nationale Kolorit in glücklichster
Weise treffende Musikstücke zu machen. Wer kennt nicht
die ungarischen Tänze für Klavier zu vier Händen, die die
Welt im Fluge erobert haben.

Aber auch in manchem seiner größeren Werke be=
gegnen wir magyarisierenden Melodien, niemals ohne von
dem ihnen innewohnenden Leben und Feuer mit fort=
gerissen zu werden.

Die Betrachtung von Brahms' Werken hiermit be=
schließend, wäre die eingeworfene Frage denkbar: ob denn
alle Werke wirklich nur herrlich und wunderbar und
ob denn nicht nur ein blinder, fanatischer Brahmine sie
so beurteilt? Darauf die Antwort: Die besprochenen
Werke können von keinem wirklichen Musik=Kenner

und -Verständigen, der auf dem Boden der reinen
Instrumental-Musik steht und nicht auf der
Rutschbahn der neuen dramatischen Musik bei der
heutigen Programm-Musik angelangt ist, anders beurteilt werden; auch nicht Brahms' übrige Werke. Daß
bei 121 Werken nicht jedes auf der gleichen unan-
tastbaren Höhe steht, ist ganz selbstverständlich. Doch
wird jeder, der sie ohne Vorurteil und mit Verständnis ansieht, sagen müssen, daß ein jedes durch eine
Besonderheit, eine Eigentümlichkeit oder eine meisterhaft
gelöste kontrapunktische Aufgabe sich hervortut, alles, was
daneben von anderen auf gleichem Gebiete geschrieben
worden ist, bedeutend überragend. Und daß sich unter
Brahms' Werken nicht eins findet, das nicht den Stempel
des Genies an der Stirne trägt.

*

Es erübrigt nun noch, Brahms als ausübenden
Künstlers und Pianisten zu gedenken. — Alle, die ihn in
seinen jüngeren Jahren gehört hatten, äußerten sich
erstaunt darüber, mit welch eigenartiger Meisterschaft er
sein Instrument beherrschte. Da er aber mit seinen
Programmen dem durch die Virtuosen verwöhnten
Publikum wenig oder eigentlich gar keine Konzessionen
machte, sondern nur das Beste vom Besten spielte, außer-
dem eigene Kompositionen vorführte, die, wie wir ja
erfahren haben, nicht so leicht verständlich und eingänglich

waren, so ist von Brahms als einen außergewöhnlichen und bedeutenden Pianisten nie so viel die Rede gewesen, wie er es wohl verdient hätte.

Seine Studien für das Pianoforte nach Chopin und Weber, seine Übertragungen Bach'scher Geigen-Kompositionen auf das Klavier, sowie seine ebenfalls ohne Opuszahl erschienenen 51 Übungen geben nicht allein Zeugnis von seiner eigenen, höchst entwickelten Technik, sondern auch von dem unerschöpflichen Reichtum seines Geistes, der immer neue Kombinationen, immer neue Varianten erfunden, um die Leistungsfähigkeit und Selbstständigkeit der Finger und Hände zu steigern.

Die neue und eigenartige Technik, die sich in Brahms' Klavier-Werken kundgibt, resultiert aus zwei Dingen: zunächst wohl aus seinem orchestralen Empfinden. Wie „verschleierte Symphonien" erschienen Schumann die ersten Sonaten wegen der Breite des Klaviersatzes und die dadurch erzeugte Üppigkeit des Klanges. Die Art seiner Passagen ist mehr aus Joh. Seb. Bach's Grund und Boden erwachsen, als aus einem anderen; die kontrapunktierende Beweglichkeit der verschiedenen Stimmen ist fast überall festgehalten und maßgebend und sie ist auch eigentlich durch Brahms zuerst in den freien Klaviersatz übertragen worden, das heißt, sie beschränkt sich nicht nur auf die Gebilde des höheren und reinen Kontrapunktes, wie Fugen oder kanonische Imitationen, sondern sie zeigt sich auch überall da, wo bis dahin die Passage aus

tonleiterartigen oder aus Akkorden hervorgegangenen
Figuren bestand. Durch diese Errungenschaften wurde
der mechanischen Finger-Schnelllauferei des Virtuosentums
Einhalt getan und die Klaviertechnik auf eine höhere
und würdigere Stufe entrückt, indem sie dem künstlerisch
schaffenden Geiste und der von ihm empfangenden Phantasie
allein wieder unterstellt und dienstbar gemacht wurde.

In seinen späteren Jahren trat Brahms nur noch
gelegentlich auf seinen Konzertreisen als Pianist und
Interpret seiner neuesten Klavierwerke vor das Publikum
und wenn er dann auch immer den größten Erfolg erntete,
so war dessen größter Teil doch oft dem berühmten
Komponisten zuzuschieben. Denn es konnte ihm freilich
dabei passieren, daß technisch Manches nicht so tadellos
gelang, wie es wünschenswert gewesen wäre — eine nur
zu natürliche Folge des Entwöhntseins, häufig vor einem
großen Publikum zu spielen und der mangelnden Ruhe
und Selbstbeherrschung, die allein die Bewältigung der
enormen Schwierigkeiten, die jedes neue Werk in ge-
steigertem Maße enthielt, verbürgt.

Übrigens konnte man kein vollendeteres Spiel hören,
als wenn Brahms, privatim und gut aufgelegt, sich ans
Klavier setzte, um Bach'sche Orgel-Präludien, Fugen und
Toccaten, Beethoven'sche Sonaten und seine eigenen
Klavier- und Kammermusik-Werke vorzutragen. Dann
leistete er technisch das staunenswürdigste und höchste so
mühelos und selbstverständlich, als wäre es Kinderspiel.

Sich ganz und gar unbeengt fühlend im Kreise der Freunde und echten Musikanten, gehorchten seine Finger unbedingt seinem Willen und enthüllten ohne Rest seine geistigen Intensionen und er sowohl wie sein Zuhörerkreis erntete in solchen geweihten Stunden die Früchte seines Fleißes während der Jahre der besten Jugend.

*   *

So steht Brahms vor uns, ein Genie von beinahe erdrückender Größe, jeder Zoll ein Mensch, jeder Zoll ein Künstler wie er sein soll; ein Künstler, der seine Aufgabe auffaßte als eine göttliche Auszeichnung, der er sich in all seinem Tun und in jedem Augenblick würdig erweisen mußte.

Auch ein Kind unserer Zeit, war er deren verführerischen Einflüssen in gleicher Weise ausgesetzt, wie andere auch; doch nichts konnte ihn verleiten, sich von dem falschen Schein der Dinge blenden zu lassen. Er prüfte alles und behielt wahrlich das Beste. Nietzsche's Herrenmoral und „Wille zur Macht" konnte ihm nichts bedeuten, dagegen Alles Kant's kategorischer Imperativ. Brahms war einer, dem sein geistiges Übergewicht gegenüber den „Viel zu Vielen" oft zum Bewußtsein kommen mußte, aber er überhob sich nicht in anmaßender Eitelkeit und sich blähender Selbstsucht. Niemals nahm er Freiheiten für sich in Anspruch, die nach der neuen Lehre ja als Kennzeichen und als das gute Recht der Zarathustrisch Angehauchten gelten.

Jedes Hervortreten seiner Person ängstlich scheuend, lebte er in bescheidener Zurückgezogenheit nur seiner großen Aufgabe. In Demut und frommer Herzens-Einfalt beugte er sich vor dem, der das Höchste von ihm forderte, ihm aber auch die Kraft, es zu erfüllen, verliehen hatte und in dem letzten veröffentlichten Werke, in den „Ernsten Gesängen", gab er uns ein rührend schönes Bild seiner Lebens-Auffassung und einen vollgültigen Beweis dafür, daß sich die alte Weisheit auch an ihm wieder bewährt hat:

„Darum sage ich, daß nichts besseres ist, denn daß der Mensch fröhlich sei in seiner Arbeit, denn das ist sein Teil."

„Und wenn ich weissagen könnte und wüßte alle Geheimnisse und alle Erkenntnis und hätte einen Glauben, also, daß ich Berge versetzte und hätte der Liebe nicht, so wäre ich nichts. Nun aber bleibet Glaube, Liebe, Hoffnung, diese drei; aber die Liebe ist die größeste unter ihnen."

Schon vor 20 Jahren äußerte Brahms einmal, daß man nach seinem Tode gewiß nichts Unfertiges finden solle und in seinem Testament vom Mai 1891, bestehend in einem Briefe an seinen Freund, den Musik-Verleger Fritz Simrock in Berlin, heißt es wörtlich: „Sollte ich etwas unzweifelhaft Druckfertiges hinterlassen, so schenke ich es hiermit Ihnen. Ich sorge ängstlich, daß nicht unnützes liegen bleibe." —

Wie hat er das zur Wahrheit werden lassen! Die
V. Symphonie, die er seiner alten, lieben Freundin
Clara Schumann kurz vor ihrem Tode vorgespielt haben
soll, ist in seinem Nachlaß nicht gefunden worden, sie
hatte wahrscheinlich seinen höchsten Ansprüchen noch nicht
genügt. Nur die Choral=Vorspiele, deren Text=Unterlagen
davon zeugen, wie ernst er mit dem Leben abgeschlossen,
mit welcher Ruhe und doch auch Wehmut er dem Tode
ins Auge gesehen hat, haben sich als unzweifelhaft druck=
fertig vorgefunden, sonst nichts. —

Wer ängstlich sorgend sich so besiegen konnte und
so mit sich im Reinen war, von dem kann mit vollem
Recht gesagt werden, er war ein Übermensch in des
Wortes edelster Bedeutung! —

Und nun zum Schluß noch die Frage: Wie stehen
wir zu Brahms?

Soll die Antwort ehrlich sein, so muß gesagt werden,
daß wir sein Gedächtnis in anderer Weise pflegen und
ehren könnten und müßten, als es geschieht. — Wir
sollten uns nicht nur gelegentlich an seinen Werken er=
götzen, sondern, jeder nach seinem Talente und Vermögen,
daran arbeiten, sie so genau wie möglich kennen zu
lernen, um unseren Geschmack an ihnen zu bilden, zu
läutern und kritisch zu schärfen. Wir sollten uns davor
fürchten, daß kommende Geschlechter einmal auf uns
herabsehen, kopfschüttelnd und verwundert darüber, daß
wir über Tages=Berühmtheiten, die mit ihrem Geräusch

die Menge hypnotifieren, den Großen nicht genügend beachteten und erkannten, der mitten in dem Fieberwahn, der uns schüttelt, jagt und hetzt in unserer sturm= und drangvollen Zeit, im Stillen alles Gute und Schöne, das auf dem tiefen Grunde der Seele des deutschen Volkes ruht, alle Ideale, die noch im Menschen leben, gehoben und das blitzende Edelgestein in das reine Gold seiner Musik gefaßt hat.

In allen Zeiten hat sich die blinde, fanatifierte Menge einen Barrabam losgeben lassen und mit ihrem Geschrei die Rufe Einzelner nach der Wahrheit erstickt.

Von Johannes Brahms, dem aus dem Hamburger guten, kleinen Bürgerstande hervorgegangenen titanen=kräftigen Schwimmer gegen den Strom der Zeit können wir lernen, das Wahre, Schöne und Gute auf abseits von den Tummelplätzen der großen Masse gelegenen Wegen zu suchen; auf solchen einem Gleichgesinnten zu begegnen, darf man hoffen.

Und so möchte ich denn enden mit den gleichen Worten, mit welchen Rob. Schumann seine Brahms=Verkündigung schloß und die heute noch dieselbe Gültigkeit wie damals besitzen:

„Es waltet zu jeder Zeit ein geheimes Bündnis verwandter Geister. Schließt, die Ihr zusammengehört, den Kreis fester, daß die Wahrheit der Kunst immer klarer leuchte, überall Freude und Segen verbreitend."

www.ingramcontent.com/pod-product-compliance
Lightning Source LLC
Chambersburg PA
CBHW021235020726
47498CB00008B/2850

9 783956 980428